AF598815

Con la ilusión de que existieran las sirenas

JUAN CARLOS FERNÁNDEZ CASTRILLO

Aliarediciones

Corrección: Eladia Guerrero
Fotografía de cubierta: Juan Carlos Fernández Castrillo
Maquetación: Aliar Ediciones

Depósito Legal: GR 558-2025
ISBN: 979-13-87590-95-6

Impreso en España

Edita
ALIAR Ediciones
www.aliarediciones.es
info@aliarediciones.es

Con la ilusión de que existieran las sirenas

JUAN CARLOS FERNÁNDEZ CASTRILLO

La literatura es la manera más agradable
de ignorar la vida.
FERNANDO PESSOA
[Traducción: A. SÁEZ DELGADO]

Me doblego al quehacer de su oficio envolvente.
M.ª VICTORIA ATENCIA

La poesía no es literatura, es otra cosa.
JOAN MARGARIT

CELEBRACIONES

1

Del perseguir al tiempo
que nos alcanza dando vueltas
vamos a dejar que desespere
por no poder alcanzarnos.

2

La luz que llega de la ausencia
ilumina con inusitada precisión
las tristes heridas irreflexivas
hasta reducirlas a espectros.

3

Los recuerdos con ese aire de familia
del mejor olvido vienen de visita
una vez cada año vencido,
no portan signos de batalla.

4

Rasgar con cuidado el papel
que envolvía el presente
no produjo los efectos esperados,
pasó tiempo también como si nada.

5

Por la sexta parte de un dracma
abre la mano tu camino,
la voz cincelada del aire en la flauta
celebra después la fiesta de la noche.

6

Siempre estamos pendientes
para fijar el día, el lugar y la hora,
el desencuentro se produce igual
con los parabienes de los convocados.

7

Canta y golpetea la pared,
los muebles en la habitación de al lado,
Britt Ekland te reclama en *The Wicker Man*,
como el epítome *da capo al fine* del deseo.

8

Se restablecen en el atardecer
tras la cantinela de sombras,
la ofrenda de los pájaros negros
anticipa unos versos de despedida.

9

No me atreví a decir nada,
conversaban sobre la necesidad ineludible
de mantenerse en silencio las dos manos
tan locuaces sobre el piano.

10

Cómo se fuga el eco.
Cómo el eco de la fuga permanece.
Cómo transitaba el tiempo en la música.
Cómo Juan Sebastian Bach lo transforma en un todo.

11

No busques más, no existe.
Está ahí, pero fuera de tu alcance.
Puedes decirlo, no pasará de ahí.
Ah, eras tú quien me ha creado.

12

Al regresar de aquel lugar imaginado,
no es coraje el valor que necesitas,
solo tentar objetos inútilmente necesarios:
la taza de té y el Stabilo afilado son suficiente.

13

El tiempo que penetra los espejos vacíos
ejerce de cuidador experto
de lo que pudo haber reflejado:
lugar de encuentro, metáfora festiva.

14

Que no os engañe la aparente parsimonia de la sombra
en esta tarde lujuriosa
sobre la escultura,
ya quisiera Venus haber sobrevivido.

15

Declino toda responsabilidad
si la lectura de esta pieza
te alborota de pies a cabeza
y no consigues llegar al final.

16

Yo habría renunciado a buscar
las fuentes del Nilo, a hurgar
infame en la infancia de la mariposa:
gozad del vuelo, disfrutad su fluir.

17

No recuerdo el primer poema.
Tampoco recuerdo mi primera palabra.
No ha de entenderse en el posesivo
nada distinto a descubrir el mundo.

18

Hay sueños navegables
y es recomendable remontarlos,
no dejarse llevar por la corriente,
ninguno va a dar a la mar.

19

Se abre con los paraguas negros
en el nombre y homenaje de la lluvia,
se cierra con las palomas blancas
en el último vuelo legendario.

20

La realidad inmediata
desatiende el teléfono y las redes.
Para desescalar una emoción
hacen falta algunas traiciones.

21

Si la pregunta es cuántos pasos
son precisos para huir de uno mismo,
no es necesario que llegues hasta esa puerta,
abandona toda ilusa esperanza.

22

En una nota huérfana me decía:
has de incluir en la dieta
música concebida antes de tu nacimiento,
las *Variaciones Goldberg* para los más días.

23

La tormenta ha pasado con el largo,
las palabras que atormentan el poema, no.
Sé que otros me habrán esperado en vano,
yo también ansiaba el diluvio que no fue.

24

Desvestida y desnudada no eran sinónimos,
ni el fuego con la llama se recomponía,
sonreía, pero eran puñaladas,
también de la vida me acuerdo que no lo era.

25

En el color del movimiento,
gritando en el punto extremo de la luz,
canturrea en sienas pájaro,
se pausa por el tacto en el pecho.

26

Vacilaciones, son compañeras
en el amplio sentido de la posibilidad.
Deslices, son bienvenidos
en el fértil espacio de la casualidad.

27

Despilfarran matices
cuando una historia ha decidido prescindir de los héroes
que las mitologías habían requerido,
sigue siendo el lujo de la literatura.

28

Tratar del amor a estas alturas
puede quedar bien como ejercicio literario,
tomárselo en serio solo produce risa,
que, de paso, sirve para quemar calorías.

29

Anochece en un desnudo cielo mal calibrado,
luego el cuerpo desequilibra su desnudez para anochecer
y que lo blanco desnudado celebre otra noche oscura
mientras me acurruco junto al vértice del sueño.

30

Dejarse abrazar por una duda
decidido a tachar líneas y entrelíneas
y del punto final hacer un y seguido,
esa es la estructura impecable para una biografía.

31

Busco la equivalencia de la escalera de caracol
en un plano no espacial:
la dinámica en diminuendo al susurro,
la transición de transparencia en Rothko.

32

Últimas palabras de la sombra
que se desvanece ante la cruel luz:
recordad el episodio de la duda
y que al abrazar cerré los ojos.

33

Si fuera posible poseer cosa alguna
por seis denarios vendería los viejos libros,
a precio de saldo la melodía para el fin del mundo,
las metáforas, desnudas, son de regalo.

34

El agua advera en la catarata de la danza.
La luz advera en la catarata de la abstracción.
La trepidación advera en la catarata de la vida.
¡No apagues nunca la sed de la belleza!

35

Los días de sillas vacías,
de pájaros que abandonan los nidos
y palabras que silencian la música,
así celebro navegar ríos sin orillas.

36

Como se enmienda el tiempo mutilado,
algo que ocurre en otro espacio, digamos en Milán,
la piedra, que no sangra, gime, cantemos hoy,
después de miles de años yo aún no he aprendido.

37

Te han preparado una sorpresa perfecta
con los ritos simultáneos de los amigos,
aunque los fragmentos no comparecen:
tender is the night, mole é morar sozinho.

38

Hay biografías que no dan para tragedia,
los anónimos que nunca esperaron
terminar expuestos en un museo, y son tantos,
tantas veces repetido para mofa, no para farsa.

39

Los días que necesito consultar el pronóstico meteorológico
para escribir
no son muchos, aunque esta es una cuantificación
innecesaria, me felicito en las borrascas.

40

No, las escaleras no llevan a parte alguna,
ni suben ni bajan, no acompañan
ni guían, tampoco conducen, no son camino,
las escaleras se han confundido de espacio.

41

Tacha y enmienda, puedes dejar cicatrices
en el libro secreto, a flor de piel,
en un jardín abandonado: el verdadero
purgatorio es una residencia permanente.

42

Como en una exposición sin cartelas
donde se muestren los momentos
que habías perdido sin darte cuenta.
La entrada es gratuita, no así la salida.

43

Espero hasta que la tarde
se constituye espacio no explorado
dentro de uno mismo
y arrastra afuera voces y sombras, y es ahora.

44

Donde se han de contener hechos
olvidados a fuego lento después,
como en la poesía de supervivencia,
no se desaconseja un chorretón surrealista.

45

Me alojo en un hotel algo anticuado,
maderas, llave de metal, impertinentes espejos,
a cuatrocientos metros del Duomo y el doble de La Scala.
Lo trastocado se reordena por un breve tiempo.

46

Irremisibles se solidifican las sombras,
dejo aquí sus *leitmotiv*: el viento habitado,
la ilusión acaecida, el fuego desnudo, lo irreal decantado,
acelerado el pulso, la visión sustantiva y abatido el cuerpo.

47

Días de cancelación estos de invierno,
pocos intersticios recuperan algo de luz
y los últimos colores que apenas ya respiran,
días en los que morir fue otra vez inútil.

48

Sé contar con los dedos
pero las cuentas no me salen,
para los pasados siglos serían sílabas,
los mitos hoy requieren nuevas fórmulas.

49

Muchas veces me he planteado
cómo concluyen las ceremonias,
si tiene inercia el vuelo detenido,
si la estación de destino no existe.

50

No le voy a hacer el juego
al gran tramposo de esta serie de palabras enlazadas
hasta la cincuentena:
un ayer elástico dentro de un yo que colapsa. Vale.

FOTOGRAFÍAS

TERRITORIOS DE LUZ TRANSITIVA

Fotografías de iPhone

Lo que parece más sólido
(se quiebra).
Muda su color la hoja muerta
(es siena).
Lo que parece orden inmutable
(es transitivo).
Los ritos que engañaban al tiempo
(es miedo).
El diálogo con el otoño no ha terminado
(se añora).

[Hoja derrotada, Torrelodones, 24/12/22]

La luna afilada en decreciente
(es amenaza).
Una cuadriga poderosa se detiene
(es de bronce).
Toda la noche fue pródiga
(ahora se desvanece).
Son los abismos que la ciudad ofrece
(se alzan).
El *trompe l´oeil* del paralaje
(es aliado).

[Cuadriga con luna menguante, Madrid, 20/09/22]

Plomo de lluvia en ciernes
(es inquietante).
Un mar recipiendario de lágrimas
(se recoge).
Tomamos chocolate caliente
(es invierno).
No se pone el sol en su metáfora
(se entraña).
En el encuentro parecíamos una parataxis
(es triste).

[Matosinhos e Leça da Palmeira, Oporto, 7/02/20]

La utopía era un presente borroso
(es anhelo).
La brisa invita a bailar a las hojas
(es tarde).
Dos caras frente al espejo ciego del cielo
(se retan).
El aliento ignoraba el dictado de Orfeo
(se adormece).
Y continué errante sobre migajas de olvidos
(es infalible).

[Ramas de árbol al final del otoño, Arapiles, Madrid, 21/11/18]

Escrito con fuego en el agua intangible
(es indeleble).
Nubes arrebujadas por el frío
(es vaticinio).
Las playas desquiciadas de la ciudad
(se remodelan).
La luz alta de una farola espera turno
(es paciente).
Tampoco Manhattan supo entenderme
(se tergiversan).

[Cielo con farola, plaza de España, Madrid, 18/12/18]

Retracciones de sombra a la fuga
(se alertan).
Au fond de l´inconnu el cuerpo aprende
(se desprende).
Los semáforos de la circulación de la sangre
(se retraen).
Es Buenos Aires un lugar de encuentro
(es interrogación).
Un lugar para buscar lo que no has perdido
(es carencia).

[Semáforos y farola, Buenos Aires, 8/10/18]

Un estrépito de rumores y certezas
(es inquietante).
Una multitud atiborrada de memoria
(es desconsuelo).
Que fuera previsible no lo justifica
(se desprecian).
La paleta cromática es insuperable
(se colorean).
Eran un millón de hojas mal contadas
(se barrerán).

[Leopold Park, Bruselas, 26/01/18]

Una contradanza para escamotear a la muerte
(es medianoche).
Sobrevolamos Norway sin premura
(es mediodía).
Ayer contaba los altos escalones de piedra
(es Hyvlatonnä).
Hacia el oeste trapeamos al tiempo
(se ruboriza).
Fue en cierto modo el último destino
(se aniquilaba).

[Skedsmokorset, Norway, 11/09/18]

De alguna forma es otra historia sin final
(es agua).
El argumento es increíblemente sencillo
(se precipita).
La tentación del sentimiento trágico del mundo
(es cómica).
Y algunas palabras que propongo eludir
(es necesario).
Una sola lágrima compite con ventaja
(se redime).

[Parque Nacional de Iguazú, Argentina, 10/10/18]

Fue también una delicadeza brutal
(se endiosaba).
Unas pocas palabras *sotto voce*
(es ingenuidad).
Esa mañana dibujaba la antesala del vacío
(se divertía).
Un perfil a mano alzada de la luz
(es retenido).
También pude detener la vida y lo hice
(es pasado).

[Retrato con pamela, Vera, Almería, 14/08/20]

Unos días antes había regresado *Rayuela*
(es casualidad).
Me contaron de un tipo que sabía de memoria el capítulo 7
(es obvio).
Todos hemos utilizado sus palabras aún antes de conocerlas
(se necesitan).
Cinco pétalos malva de algún amor antiguo
(se descubrieron).
Habré tocado esos labios con veneno de olvido
(es causalidad).

[Flor seca encontrada dentro de *Rayuela*, mi biblioteca, 18/12/22]

Doblegados los asuntos cotidianos
(se sublevan).
La música concreta es la voz en el cristal
(es menester).
Aunque el rescatador es el café americano
(es amable).
Otra fisiología de la vida cotidiana
(es luminosa).
Tampoco el preludio habré de olvidarlo
(se repitió).

[Taza de café vacía, Donosti, 11/12/22]

Permanecía atento al diálogo de la ventana
(se murmuraban).
Aunque desconocía el idioma creía comprenderlo
(es griego).
Había estado leyendo sentado ahí con esa luz filtrada
(es atardecida).
Poemas y conversación se mezclan con extraña naturalidad
(se reconocían).
Invoqué a Cortázar parques y Santorini mediante
(es delicado).

[Ventana de la habitación 110, Hotel Kallos Imar, Santorini, Grecia, 13/09/22]

La luz que reporta esta ventana es transitiva
(se traduce).
Si es contener el abismo este es el límite
(se exhortaba).
Afuera está dentro parte a parte
(es impensable).
Hay piezas que el tiempo ha quebrado
(se reivindican).
Dos macetas aguardan y la guardan
(es tranquilizador).

[Ventanal de ladrillos de cristal, COP-M, 26/07/22]

¿Atrapada?
(Es inverosímil).
¿Interpelada?
(Se justifica).
¿Balanceada?
(Es tramposa).
¿Sincopada?
(Es ilusión).
¿Engañada?
(Se liberó).

[Luna creciente encerrada, Santorini, Grecia, 15/09/22]

Por los derrumbaderos de la felicidad
(se transitaba).
Hay textos de lectura imprescindible
(se reconforta).
Días recordados para olvidar
(es innecesario).
Personas con los gestos emborronados
(es pavoroso).
Y el rojo púrpura de aquella rosa
(es emocionante).

[Rosa regalada, un no lugar, 30/05/19]

Intervalo en séptima menor descendente
(es música).
Un puñado de palabras cuidadosamente elegidas
(es poema).
La ordalía de la luz tras el cristal
(se transparenta).
Y el sueño que regocijaba la tarde
(es manantial).
En calidad de infiltrado la fotografié
(se plantó).

[*Tradescantia péndula*, COP-M, 26/07/22]

Como el trazado de un día a la deriva
(se recrimina).
Como el pulso en el tacto silenciado
(es canto).
Como resta la suma de miedos
(es tórpido).
Como procede cuidadoso en invierno
(se olvidará).
Como crea la mirada un orden nuevo
(es magia).

[*Quercus* (roble), Arapiles, 15/02/19]

Respeto los códigos de la armonía
(es tranquilizador).
El relato atonal de la mano
(es radical).
Qué monstruos pueblan el olvido
(se multiplican).
Quién se ofreció para el sacrificio
(se inmola).
Érase una vez un lugar donde la pesadilla
(es presente).

[Regalo de Mael, Torrelodones, 27/03/21]

De las cosas no miscibles solo es una muestra
(es taumaturgia).
Del diálogo con un improvisado espejo
(se multiplicaban).
De la fragmentación de la identidad
(es interrogante).
Del abismo en su escala menor
(se mitologiza).
De parte de todos esos otros que también me sonríen
(es soliloquio).

[Agua y aceite, Torrelodones, 01/05/21]

Pareciera el anhelo de la luz
(se disfrazaba).
Una correlación paralela a la mirada
(es fantasmagórico).
Recuerdo el lugar y el deseo punzante
(es doloroso).
Los hilos invisibles de una marioneta
(se tensaban).
Era yo el heterónimo y el títere
(es historia).

[Luces diagonales de colores, otro no lugar, 20/04/21]

Luego se produjo la deflagración
(se precipitó).
Era lo que había de ser resuelto
(es lino).
Nada de esto habría sido contado
(es verano).
Y el fuego no habría acabado
(se deterioraba).
El pretérito imperfecto estuvo una vez de mi parte
(es Ibiza)

[Dos botones en el puño de una camisa, 02/05/21]

Mediante preposiciones
(es deseo).
Mediante falsos malentendidos
(se desconocen).
Mediante un filtro herbado
(es metonimia).
Mediante el amor para la muerte
(se vive).
Mediante cuartas superpuestas en tritonos
(es Wagner).

[Dos pinzas metálicas sobre *Tristan und Isolde*, 31/03/21]

Reconozco a este tipo
(que es amable).
Puedo mirarlo cara a cara
(es intangible).
Puedo compartir exquisitos silencios
(se solazaban).
Cuántas palabras me ha mostrado ya
(se complementan).
No sé cuántas más se habrá guardado
(es paradójico).

[Autorretrato en blanco y negro a 90 grados,
Torrelodones, 02/04/21]

Interpreto versiones de mí mismo
(se emborronaron).
Todas diferentes y distantes del original
(es innecesario).
Todas y cada una pródigas en errar
(es inquietante).
Parece que fuera un rascacielos de palabras por alcanzar
(es inverosímil).
Son poemas con aproximaciones imposibles
(me olvidaréis).

[Once más uno, lapiceros, Torrelodones, 17/10/21]

CON LA ILUSIÓN DE QUE EXISTIERAN LAS SIRENAS

Respecto a ti mismo, si deseas escucharlas, que te sujeten a bordo de tu rápida nave de pies y de manos, atándote fuerte al mástil, y que dejen bien tensas las amarras de éste, para que puedas oír para tu placer la voz de las dos Sirenas.

ODISEA, HOMERO

Versión de Carlos García Gual

con la ilusión de que existieran las sirenas
hay que ponerlas sobre la mesa
los jugadores son conocedores de las reglas
no aceptan más demoras ni menos excusas
una detrás de otra lo exige la puesta en escena
atrás dejemos cada cual atrás sus miserias
el mazo es una vida bien mezclada
con la destreza de tahúres aficionados
muchas son jugadas que estarán en el olvido
que ni el recuerdo puede conseguirnos
ejercicios equivocados de memoria

con sorpresas y *corazones* descartados
agazapados hasta que les llegue su turno
cada uno lleva escondidas sus expectativas
hoy será el día esperado la hora caracterizada
el lugar destinado será sin más explicaciones
nos conocemos hace suficientes años ya
será una escalera un sintagma sin barandal será
será lo que nos atrevamos a desear será un divertimento
emparejados malavenidos muy unidos por si acaso
amantes desparejados con ganas de hablar
en la complicidad de lo incondicionado es decir amigo
aunque es muy pronto para llegar a eso
un bonito dibujo pero quizá de difícil interpretación
los rincones repartidos con impecable desdén
desde aquí el universo es algo diferente
en su paralelo celebraré la victoria
que en este siempre se me escapa
y yo el sujeto que esperará el término
de ayer que fuera hoy mejor que nunca existiera
que se expusiera todo con más claridad
para argumentar sobre el tiempo en la partida
y que cada uno por su parte a su entender
actúe en el previsto orden riguroso
con la ilusión de que existieran las sirenas
hasta el final que estará a la espera
siempre lo está y sin nuestro consentimiento
digo que así se me encasquillan los argumentos
es el *kick off* decían en el *team building workshop*
empecemos a repartir de una vez las cartas
tenemos que zarandearnos un poco más

nuestras rutinas no pasarán a la historia
y que en cada mano repetida el reparto
nos ofrezca algo mejor algo nuevo algo más deseable
que armonice el diálogo de la confrontación
porque ya puestas boca arriba primero las ganas
esto sería demasiado tarde y esa no es la idea
un abismo de silencio se bordea con sumo cuidado
desfiladeros por los que pasamos con los ojos cerrados
de las formas imprescindibles de antaño dirán algunos
de secretos conocidos hasta en sus íntimos detalles
si lo que otro participante calla puede ser tu coartada
mañana diremos allí permanecimos toda la tarde
nadie abandonó su puesto ni la estancia
otros días se deshicieron sin mayor gloria
como muñecos de nieve sin arte ni conciencia
hasta que el aire toque fondo en cada uno
con la ilusión de que existieran las sirenas
con los oídos bien abiertos predispuestos así
lo estudiaríais supongo en clase de filosofía
para aplazar la lógica sutil del destino
en la pasión acerada de lo imposible
una cita más coordinada antes de que el juego lo haga
y usurpe lo mejor que hemos construido
otra jugarreta *diamantina* como las que acostumbra
un panorama desolador con cataclismos
aunque no esté fuera de su lugar ni un instante
ni una palabra más alta que otra ni más acallada
una vez leí una novela que decía algo parecido
puedes doblar la apuesta está en tu mano
es pronto para asumir tanto riesgo

son verbos rigurosos exigentes impertinentes casi
pero necesarios en trances como en el que estamos
es una danza de pasos intercalados
un intercambio de gestualidad estereotipada
y un rato después culos inquietos en las sillas
o el síndrome de piernas inquietas lo confundo
músicas sincopadas pero con voces dulcísimas
con la ilusión de que existieran las sirenas
de sus bocas oscuras con las *picas* ya enfrentadas
sus aristas afiladas en las interrogaciones
por qué me miras así eso déjalo para otros
sobre el terciopelo o la luz de vaselina
a los casinos se les priva de luz natural
todos lo sabemos es cultura de andar por el mundo
así pasamos la mitad de nuestra existencia
por eso es mejor que lo asumamos cuanto antes
por qué no abres la ventana pero si aquí nadie fuma
así es como transcurren los prolegómenos
como el calentamiento antes de saltar al campo
lances de antiguos cánticos y batallas
para esto reconocedlo para esto hemos venido
las agendas no soportan más cuestiones de vida
vida o muerte pie en la puerta hoy es el último día
así se ocupan los centros de nuestras vidas
el centro de gravedad con su ley universal
aquí se equipara el ocio cesante con la devoción
si encontrara las palabras adecuadas hoy al menos
en descargo de conciencia si esto os suena mejor
más barato que una terapia sin solución de continuidad
historias que permanecían despreciadas venga adelante

por el tran-tran del tiempo se dice categóricamente
los altos dignatarios en sus disfraces reconocibles
hacen del disimulo una cuestión de orgullo
las virtudes públicas son piel de cordero
la ética compartida solo por los perdedores
tienen a gala mostrar del corazón herido
la salvaguarda o la contraseña bien sigue así
tú sigue así los niños lloramos también
pero no tan bien como debiéramos lo reconozco
a qué viene eso ahora a diario leo los diarios
las guerras nunca han cesado puedes cerrar los ojos
o mirar en tu pantalla el algoritmo preferido de Caín
esto lo entendemos mejor como la noche y el día
sacrificar la sensibilidad en asuntos escogidos
por el tiempo mínimo imprescindible
puedes comprar todo lo que no necesitas
y creerte qué carajo que acudimos para ser felices
convocados a una fiesta permanente
con la ilusión de que existieran las sirenas
la cita insobornable con el cuerpo entonces
larga cambiada que no podíamos esperar
Lorca y Cernuda también Gil de Biedma
para una derrota que alcanzada
del amor la elección solo queda dirían
para el recuento que gota a gota nos desborda
de un plano que nos atraviesa sin clemencia
es fácil para algunos es cuestión del destino
en alguna de sus metamorfosis
decidlo con vuestras propias palabras
si los dioses consolar supieran

cuánto has tardado en reconocértelo
estamos en esta parte del mundo
que despreció por obvio el siglo XX
sé que lo sabíais pero no era suficiente
cada cual con sus fantasmas y sus miedos
atraviesa los campos arrasados
mezcla los frutos dulces con amargos
los venenos en dosis purificadoras
ahora los días no saben detener los relojes
como con sabiduría antes lo practicaban
ni los ojos aguantarse las ganas de llorar
en aquel entonces parecía despojado de futuro
y despejada la memoria de residuos tóxicos
la cultura no es un comodín todopoderoso
alguna vez pensé que ayudaría un poco más
porque alguno ha leído a Dostoievski y a Kafka
en la adolescencia y después en la universidad
se mostraba para epatar ufano con el Ulises
otro defiende a Murakami sin reservas el Nóbel
como quien fuera a ser en otro mundo así posible
pero no sin Borges en la trama puntualizo muy serio
atrapado en su propia trampa exquisito como pocos
y por su amor imposible de la amiga muerte
Pizarnik tampoco se entendería
con la ilusión de que existieran las sirenas
como la lluvia o el incauto comportamiento del mar
reticente a marchar por un camino sin retorno
como que los *tréboles* habrían de tener cuatro pétalos
cuatro por lo menos aquella japonesa
me regalaba uno cada día durante un mes lo hizo

tendríais que haberla conocido tengo alguna foto
los encontré años después mercaderes de sueños
en bolsitas de plástico para supersticiosos
puedes llevarte la historia a tu terreno
puede que así sea más sencillo para ti así lo hago
poner cara de póker y esperar una mano mejor
alguien espera que un claro del bosque
se abra y te ciegue la luz del sol y lo veas claro
la verdad tiene muchas caras aunque lo niegues
me pongo en tu lugar yo nunca lo haría
no tenemos el mismo número de calzado
la empatía es un animal exótico en vías de extinción
no tenemos las mismas mentiras acantonadas
de acuerdo Pinocchio tenía segundas lecturas
no tenemos la misma esperanza como vía de escape
de algo han de servir las enseñanzas de un colegio público
no tenemos los mismos tópicos para gestionar escollos
tampoco los mismos números en la cuenta corriente
reconócelo y pasemos a otra jugada
            con la ilusión de que existieran las sirenas
qué fue de aquella mujer cómo se llamaba
aquel día no pasará a la historia de la infamia
alguno de esta mesa lo pondría en su CV
como una rara y rastrera competencia
que cotiza al alza en el mercado de la envidia
ni en uno de tus poemas siquiera lo pondrías
sí esos reticentes algo oscuros y deslavazados
que trabajan con el sudor del incauto lector
no tengo más tiempo que ofrecerte lo siento
pues yo espero que no los dañes al leerlos

para que no arrastren el daño la herida o tus estigmas
los ases en la manga parecieran autolíticos
y los inviernos precipicios todos lo sabemos
para desnudarse por dentro y abrigarse por fuera
por eso añoro las ciudades con tranvía
los amaneceres ambiguos las tardes desesperadas
la niebla que se escapa astuta de los dedos
y que me busca en los vericuetos del sueño
los espejos deformantes las caricaturas crueles
soy canto alzado entre los cantos de Maldoror
sabed de la vieja grulla aterida por el frío invierno
no sabes lo que dices ni falta que me hace
echo de menos todo lo que no he vivido
              con la ilusión de que existieran las sirenas
querrás decir que deseas aquello que otros dicen
digo lo que las palabras me susurran
habrías de escuchar más a tu sombra
te haría sin duda el bien que no mereces
tienes la partida perdida esto es una añagaza
una de las tuyas no sería la primera vez
tramposos como tú no soportan la mirada
es que yo también tengo algo que contaros
hemos venido a jugar no a despojarnos de lastres
sortear un terreno minado es parte del guion
recuerda a Ícaro no podemos permitir otra caída
es rastrero la serpiente nunca habitó el paraíso
ni la infancia es inocencia ni los paraísos perdidos
el ombligo lo puede explicar casi todo
basta con leer un poco y viajar esa es mi escuela
además lo sabemos desde antes de que ocurriera

es cuestión de probabilidad no de sabiduría
sin circunloquios tú lo hiciste actuaste sin testigos
sin remordimientos a corto plazo sin pesadillas
pero se paga la factura tarde o temprano se paga
el rincón de pensar te ha hecho mucho daño
yo prefería copiar cien veces lo negro es blanco
un currículo tan brillante tenía sus grietas lo sabía
una biografía tan impecable sus escatologías
la máscara dadlo por cierto es lo único que permanece
estable reconocible pura verdad o magia negra
es la fama la que derriba murallas sin trompetería
y al mundo le sobran tantos sonrientes idiotas
uno más o menos para la contabilidad es despreciable
es tu turno del reparto de iniquidad estamos servidos
no os pongáis tan serios esto es una reunión de amigos
manos arriba todos que esto no es un atraco
es una celebración o un rito sacrificial con unas risas
antes de la hecatombe de los cien espantajos
en el fuego purificador en los pájaros de fuego
          con la ilusión de que existieran las sirenas
son las flores de tormenta las verdades a la cara
esto es lo que nos ha convocado a este tapete
mostrar las entrañas desprejuiciadamente
como quien presume de una obra de arte
obscenamente cara necios del precio sin valor
cuando eran las otras caras de la vida eso eran
de la muerte infringida del amor despertado eran
si volvemos a encontrarnos si las cartas nos convocan
          con la ilusión de que existan las sirenas

Índice

Este libro se terminó de editar en Granada
en abril de 2025 por

www.aliarediciones.es
info@aliarediciones.es